LA
PETITE LANTERNE
DE CORRAVILLERS

1876

DIALOGUE

ENTRE

LE PÈRE CORNOUILLARD ET JEAN LEBON

1876

DIALOGUE

———

CORNOUILLARD. — Eh bien, mon pauvre Jean Lebon, tu as l'air bien capot, avec ton docteur Michel enfoncé ; pour te remettre, je t'offre une tasse de café chez Mange. On disait tout à l'heure que les rouges racontent que les nouvelles de Paris annoncent que ce sont leurs députés qui sont les plus nombreux, je n'y crois pas ; en attendant, notre canton a rudement bien voté, 1200 voix de majorité pour M. Ricot.

Ah ! nous avons bien des obligations à E..... et à L..... d'avoir si bien travaillé ; on a beau crier après le système de payer à boire, il nous a fait gagner ; sans lui nous étions battus. On avait lancé dans chaque commune des agents qui apportaient toutes les nouvelles, il y avait des cabarets où l'on buvait et mangeait gratis jusqu'à ce que l'on ait voté. Je ne sais pas qui est-ce qui a réglé toutes ces dépenses, mais il a dû en être pour une forte somme; tes rouges sont trop rafalés pour être aussi généreux.

JEAN LEBON. — Père Cornouillard, j'accepte votre café, à charge de revanche, pour causer un peu avec vous, car je ne comprends pas que vous, qui êtes encore un malin, vous ne soyiez pas de notre côté.

CORNOUILLARD. — Je serais propre, si j'essayais, ma femme qui n'a confiance qu'à son confesseur, m'arracherait les yeux; je ne sais quel diable il lui souffle, mais quand arrive une élection, elle est comme enragée, et pour avoir la paix, je lui promets de bien voter.

JEAN LEBON. — Alors, vous n'êtes pas le maître chez vous, vous êtes l'esclave de votre femme, le prêtre commande la baraque, fameux ! Il y a bien d'autres que vous, dans une position aussi douteuse ; aussi je ne suis pas surpris que vous votiez toujours aussi mal. Ce que vous me dites, me rappelle une conversation que j'entendais il y a quinze jours, à la foire du Thillot; en dînant, on parlait élections, on en causait fort, tous étaient républicains, sauf un paysan du Haut-du-Them, qui, après quelques réflexions, dit : vous avez bien aisé de bien voter, de faire de bons choix, parce que vous lisez des journaux, mais nous, isolés dans nos montagnes, nous ne voyons ni entendons rien, aussi sommes-nous bien embarrassés. Un brasseur lui proposa de lui apprendre, moyennant deux canettes de bière, la manière de ne jamais être trompé ; le marché fut conclu de suite. Voici la recette :

Quand vous allez voter, laissez causer chacun à sa guise, seulement informez-vous pour qui le curé vote, donnez votre voix à celui qu'il combat, qu'il signale en chaire comme un rouge, un révolutionnaire, un communard, un ennemi de la religion, vous tomberez toujours bien et aiderez à sortir les paysans de la terrible ignorance qui les jette dans les griffes des jésuites ; après on cherchera à vous instruire, à ne plus vous laisser être les dupes des intriguants, des menteurs, des tireurs de sous, qui sont toujours à vous sucer et ne vous donnent jamais rien que des promesses trompeuses.

Tout le monde a bien ri et approuvé la recette.

CORNOUILLARD. — Ton histoire ne me surprend pas, car au Thillot, ils sont tous fous avec leur République, qu'ils voudraient faire avaler à tout le monde. Ils abiment les Comtois, comme si les Comtois ne les valaient pas. Tellement que le pauvre Maire de Belotte ne sait plus où se fourrer quand il va à la foire ; dernièrement ils lui ont tout dit, hors, honnête homme ; cependant il fait toujours bien voter sa commune.

On m'a dit qu'à Remiremont, à Lure, à Luxeuil, partout c'était la même chose ; aussitôt qu'ils s'aperçoivent qu'on n'a pas leurs opinions, ils vous traitent d'imbéciles, de rossards, de calotins, d'exploités du curé ; si cela doit continuer comme depuis deux ans, il n'y aura plus moyen de sortir sans être blagué, ce qui est fort embêtant. Ils vous disent des raisons, qu'on ne sait quoi leur répondre.

Jean Lebon. — Vous convenez que dans les villes où les gens sont tout à fait au courant de la politique, des ficelles des exploiteurs, sont d'un avis tout opposé à nous autres campagnards, qui ne recevons d'autres instructions que celles de nos prêtres, le dimanche, et nous savons tous comment, oubliant trop souvent les préceptes de l'évangile, ils arrangent ceux qui ne pratiquent pas, et qui, entre nous soit dit, se fichent pas mal de leurs calomnies auxquelles, pour le moment, ils ne peuvent répondre; mais patience, cela viendra, il faut l'espérer.

Comment expliquez-vous ce désaccord ? Lesquels ont raison ? Sont-ce les instruits ou les ignorants ? Si vous aviez un procès à Lure, iriez-vous consulter l'avocat que vous sauriez le moins capable ? Non certainement.

Eh bien, renseignons-nous donc auprès des habitants des villes qui ont absolument les mêmes intérêts que nous à défendre, malgré le contraire que les curés débitent, qui souffriraient plus que nous du désordre, de la guerre, d'une révolution, qui par conséquent ont le plus grand intérêt à l'ordre, pour que le commerce marche bien, ce dont nous profiterons aussi. Cessons de nous confier à ceux qui ont intérêt à nous tromper, à nous laisser dans l'ignorance pour nous mener par le bout du nez, qui ne s'occupent nullement de nos intérêts, de nos enfants, qui ne songent qu'à nous faire croire aux miracles, au surnaturel, à nous envoyer aux pélérinages, comme si le bon Dieu avait besoin de nos conseils; à utiliser la crédulité, la superstition, l'ignorance de nos femmes qui nous poursuivent quand arrive une élection, ce qui amène des chamailles dans le ménage.

Cornouillard. — Je ne sais pas où tu vois tant de menteurs autour de nous, je n'en connais pas un ; quand il y a une élection comme l'autre jour, le curé qui est savant, qui, lui aussi sait ce qu'il nous faut, auquel j'ai entendu dire souvent que des gens comme nous, ne devaient jamais s'occuper de politique, afin que tout aille mieux, donne un conseil à ma femme, et je m'en suis toujours bien trouvé.

Jean Lebon. — Vous avez 68 ans, vous allez bientôt casser votre pipe, il est un peu tard pour vous convertir, vous êtes comme une vieille paire de souliers qui ne vaut pas le ressemelage, il faut se contenter de vous laisser barboter dans le baquet de la superstition, et de vous chanter : Quand on est bête, c'est pour longtemps.

Ah ! vous êtes certain d'aller dans le paradis des dindons.

Cornouillard. — Vous voilà bien, vous autres rouges, vous ne savez que critiquer, que tourner en ridicule ceux qui ne pensent pas comme vous ; à force d'aller aux foires, de fréquenter de mauvaises compagnies, tu as attrapé leur maladie, je te plains ; notre curé a dit à ma femme que c'était à regretter, parce que tu étais un bon mari et un bon père de famille.

Jean Lebon. — Aux aveugles, il faut un caniche pour les conduire, à vous, c'est un curé, je vous plains, parce que si ces messieurs prennent la direction d'un ménage, il est bien compromis et exposé à aller de travers.

Cornouillard. — Je soutiens que c'est faux.

Jean Lebon. — La place véritable du prêtre est au presbytère, à l'église, au chevet des malades; il doit s'abstenir d'aller gargoter dans des diners, dans des noces de plusieurs jours, pour calomnier les familles honorables, faire de la populacerie au milieu de l'écume des imbéciles, afin d'obtenir leurs voix aux élections.

Chaque fois qu'il sort de son ministère, descend de sa dignité, s'occupe de politique, il n'a plus droit au respect de ses paroissiens.

Cornouillard. — Mais cela ne leur arrive jamais.

Jean Lebon. — Je n'aurais pas besoin de remonter bien loin pour citer une de ces saintes ripailles. Avec ce système on arrive à embaucher les électeurs ne comprenant pas un mot en politique; ceux de conduite plus ou moins équivoque; ceux, ivrognes assez lâches pour vendre leurs voix pour un peu de boisson, un cigare; ceux auxquels les femmes font porter des coiffures qui égratignent les couvertes de toutes les portes; ceux menés par leurs moitiés, vieux sacs à péchés mortels, vieilles casseroles trouées qui croient racheter leurs anciens péchés en se mettant au service du diable; ceux qui sont menacés par une administration ombrageuse, etc., etc. Enfin parlons d'autre chose en attendant qu'on puisse dévoiler les saletés, les abus commis et leurs auteurs.

Cornouillard. — D'accord, prenons une chope et parlons d'autre chose; de notre conseil par exemple. Notre pauvre maire a été bien contrarié lors du choix du délégué à Vesoul, pour nommer les sénateurs; quand, pour la première fois il a rencontré de l'opposition dans son conseil. Comment, après avoir été maire aussi longtemps sans recevoir la moindre observation, on a eu la grossièreté de combattre sa délégation à laquelle il tenait tant, puisque son frère, son neveu, son gendre étaient venus exprès le pousser à se faire nommer, afin de ne pas envoyer ton fameux Jacquet, le Michel Morin des rouges, à Vesoul, où il ne nous aurait fait que de la mauvaise besogne. Vois-tu, notre conseil prend une mauvaise allure, il y a de la division; je maudis les six qui ont si gravement manqué à notre maire et à notre adjoint qui avait reçu l'ordre de l'appuyer ; si cela continue, les vieux seront bientôt renversés, ce qui sera malheureux ; notre curé l'a bien dit à ma femme.

Jean Lebon. — Vous touchez à une question bien délicate, celle des intérêts de notre commune. Si vous aviez la patience de m'écouter, je vous dirais ce que je pense à ce sujet.

Cornouillard. — Je t'écoute, parce que au fond tu es encore un bon diable, seulement tu es un peu toqué. Attends que j'aie allumé ma pipe.

Jean Lebon. — D'abord quand vous dites qu'il est malheureux que le Conseil soit divisé je soutiens le contraire.

Cornouillard. — Pour le coup, c'est trop fort.

Jean Lebon. — Je vous ai laissé parler, faites de même. Je répète que la division du Conseil est un bien parce qu'elle procurera de grands avantages à la commune, Je vais vous l'expliquer. Je commence par reconnaître que notre maire est un excellent homme, très-honorable, bon père de famille, ayant toujours donné le bon exemple; que l'adjoint est un bon enfant; mais qu'avec les quatre nullités qu'ils ont derrière les talons, ils sont complètement incapables, entre eux six,

D'écrire quatre lignes en français,

De rédiger un procès-verbal de séance,

De se rendre compte d'un projet, d'un devis,

De plaider où ce soit les affaires de la commune,

D'appuyer une demande, de faire les démarches nécessaires, de tracer un chemin,

D'inspecter une école, d'interroger les enfants,

De tirer parti des ressources de la commune, qu'ils ont entièrement négligées;

En un mot, incapables au superlatif d'administrer sans qu'on puisse leur en vouloir, parce que leur ignorance complète des affaires les rend excusables.

C'est honteux pour notre commune. Aussi il faut faire cesser une situation aussi ruineuse; il faut les remercier de leur longue gestion et les remplacer par des habitants qui soient à même de nous relever et de défendre nos intérêts qui sont si malades.

Cornouillard. — Ah ! voilà les rouges, ils veulent tout renverser. Si c'était les six autres, pour le coup je serais avec toi, je suis certain que notre curé n'en serait pas fâché. Je voudrais savoir par qui tu remplacerais ces braves gens qui depuis si longtemps connaissent les affaires de la commune.

Jean Lebon. — Ne vous inquiétez pas, il ne sera pas difficile de remplacer par exemple votre ami Tuaillon Descua qui n'a d'esprit que celui qu'il s'introduit dans le bec, qui serait peut-être obligé de faire vingt-cinq lieues pour trouver un individu aussi bibite que lui, qui avec sa frimousse de singe, coiffé d'un bonnet d'âne, au milieu d'un champ de pois ou de chènevis, rendrait cent fois plus de services qu'au Conseil.

Je ne vous parlerai pas de certains autres Chinois de paravent, parce que vous pourriez me traiter de mauvaise langue.

Cornouillard. — Et tu ne l'aurais pas volé.

Jean Lebon. — Bref, tous ces six qui sont les fortes têtes du Conseil, qui y ont toujours fait ce qu'ils ont voulu, ont complètement sacrifié nos intérêts, aussi nous n'en voulons plus et espérons que la nouvelle Chambre républicaine va museler nos ennemis, changer préfets, les sous-préfets, même le fameux, le savant, le pur, le bien-aimé **Coco**.

Cornouillard. — Mais tu veux donc la révolution comme en 93, que notre curé dit toujours que c'était un mauvais quart-d'heure. En définitif qu'est-ce que tu veux?

Jean Lebon. — Je viens de vous le dire, le remplacement des conseillers qui ont fait perdre à la commune plus de **quarante mille francs**.

Cornouillard. — Ah! si tu me prouves celle-là, je me retourne de suite, tant pis pour ma femme, tant pis pour son confesseur.

Jean Lebon. — Je vais vous répondre par des chiffres et non par des mots.

La commune est propriétaire de deux forêts. L'une, en beaux sapins, l'autre, une plantation qui vient bien et dans quarante ou cinquante ans donnera un beau revenu.

Il y a seize ou dix-sept ans, l'administration forestière reconnut que cette forêt, trop âgée, périclitait et devait être exploitée, qu'elle valait au minimum *quarante mille francs*.

CORNOUILLARD. — C'est vrai, je l'ai entendu dire aussi, il y a longtemps.

JEAN LEBON. — Un contribuable qui voyait trop clair pour être du Conseil en ce temps-là, signala le fait comme c'était son droit et son devoir, conseilla de tirer parti de cette ressource qui était si facile, sous la main, de la convertir en rentes sur l'Etat pour avoir un superbe revenu. Aussitôt les ânes savants de l'administration se mirent à hurler partout que celui qui faisait cette proposition voulait entrer au Conseil pour manger la forêt, comme si le maire même pouvait spolier la commune, puisque c'est le percepteur qui reçoit tout et paie de même.

Il n'a donc pu avaler ces *quarante mille francs*, mais ce sont ses calomniateurs qui s'en sont chargé, puisqu'ils ont eu la stupidité de ne pas vendre à temps ces bois. Si on avait suivi son idée, la commune depuis quinze ans aurait joui d'un revenu de deux mille francs qui est complètement perdu. On aurait pu dans ce long espace de temps :

1° Créer les chemins nécessaires pour desservir toutes les fermes des dessus, ce qui leur rendrait grand service, comme à Rupt;

2° *Faire réparer les chemins de nos coupes, où on est exposé à tuer bêtes et gens, quand on cherche les affouages ;*

3° *Acheter une pompe au moins ;*

4° *Poser à l'église une horloge, surtout pour les habitants éloignés, afin que le dimanche ils puissent régler leurs montres ;*

5° *Construire une école de filles ;*

6° *Bien loger notre instituteur et notre institutrice dignes de tous éloges ;*

7° *Entretenir convenablement la cure et ses abords qui laissent à désirer ;*

8° *Avoir un garde-champêtre véritable, payé en conséquence ;*

9° *Installer un cantonnier qui serait si utile pour l'entretien de nos chemins ;*

10° *Appeler une sage-femme de bonnes mœurs,*

Et bien d'autres détails importants que nous n'avons pas, que nous n'aurons jamais avec nos vieux bonshommes.

CORNOUILLARD. — Ma foi, je n'ai jamais pensé à ces questions. Je crois qu'il y avait quelque chose à faire, car tout ce que tu viens de me nommer serait bien utile à chaque habitant. Ma femme ne m'a jamais dit que le curé lui ait parlé de cela.

JEAN LEBON. — Fichez-moi donc la paix avec votre curé.

CORNOUILLARD. — Ah ! c'est qu'il est bien instruit.

JEAN LEBON. — Tant mieux pour lui, tant pis pour les jobards qu'il mène avec une ficelle, sans s'inquiéter le moins du monde de ce qui peut leur être utile.

Maintenant, savez-vous combien *trente mille francs* pendant quinze ans à cinq pour cent, auraient donné avec les intérêts des intérêts ?

Quarante cinq mille cent soixante-seize francs quatre-vingt centimes, qui devraient être en caisse, si on n'en avait pas disposé pour les dépenses que je vous ai nommées.

CORNOUILLARD. — Mais c'est impossible, tu exagères.

JEAN LEBON. — Je parie cent francs, que le chiffre est exact, si vous voulez, nous irons trouver l'instituteur pour faire le calcul.

CORNOUILLARD. — Alors tu prétends que notre maire, notre adjoint avec les autres ont laissé perdre cette somme énorme à la commune.

JEAN LEBON. — Parfaitement.

CORNOUILLARD. — Mais si c'était vrai, je ne voterais plus pour eux et n'écouterais plus leurs histoires.

JEAN LEBON. — Autrefois dans les villes ils étaient aussi arriérés que nous, ils ne consultaient jamais que leurs ennemis, mais aujourd'hui ils savent ce qu'ils ont à faire ; voyez ici au Plain, où on a occasion de voir souvent des étrangers ; on a fait des progrès, on n'est plus si crédule, sauf quelques électeurs qui se laissent encore tromper et effrayer, les autres votent bien maintenant, les 58 voix de M. Michel, en sont la preuve.

Nos électeurs des hauts, qui auraient le plus d'intérêt à avoir une administration capable, qui les aide, votent toujours pour ceux qui n'ont jamais rien fait pour eux et qui ne leur procureront jamais les moindres avantages auxquels ils ont cependant droit, avec les énormes contributions qu'ils paient.

Au moment des élections on les bourre de mensonges ; c'est un arracheur de dents qui va leur porter des billets qu'ils reçoivent, au lieu de le mettre à la porte comme un effronté menteur, un drôle tel qu'il est, qui est .... pour faire ce méprisable métier. Ah ! s'ils savaient qu'en votant ainsi ils agissent contre leurs intérêts les plus sérieux et cela de leur pure faute, ils se rongeraient les doigts. Mais patience, un jour viendra où ils ne se laisseront plus tromper.

Les élections des conseils municipaux sont très-importantes pour les intérêts de la commune. Chaque électeur doit se renseigner, choisir ses membres parmi les plus moraux, les plus intelligents, les plus dévoués, sans s'occuper si son choix plaira à Pierre ou à Paul, alors on verra bientôt une amélioration sensible dans la commune.

Et dire qu'il y en a encore de plus mal montés que nous dans les communes environnantes, où on devrait faire l'échenillage des maires et des conseillers impropres à remplir leurs missions, qui compromettent tant d'intérêts.

Il est tard, il faut nous en aller; une autre fois je vous donnerai bien d'autres détails sur notre administration qu'il faut changer en partie, ce qui arrivera naturellement, parceque nous serons soutenus par la préfecture, qui sera avant peu républicaine.

Au revoir, sans rancune.

Cornouillard. — Je ne suis pas entièrement de

ton avis, surtout, je ne veux pas être avec les rouges, mais je suis content de t'avoir entendu, je réfléchirai à l'affaire des *quarante mille francs* qui me tracasse, il faut que j'en aie le cœur clair. Diable, c'est que c'est une toute grosse affaire qui nous intéresse tous.

Salut.

———

Remiremont, imp. Mougin.